Поліна Сорель

НЕВИДИМКИ

зошит для чарівників
та
читачів -початківців

Bibliografische Information der Deutschen Nationalbibliothek: Die Deutsche Nationalbibliothek verzeichnet diese Publikation in der Deutschen Nationalbibliografie; detaillierte bibliografische Daten sind im Internet über dnb.dnb.de abrufbar.

Lesen, verstehen, aufmalen.

Das Buch richtet sich an alle, die gerade Ukrainisch lesen lernen, und bietet tägliches Training im angemessenen Tempo. Mit diesen kleinen, unterhaltsamen Aufgaben wird die Fähigkeit, sinnentnehmend zu lesen, geübt und gestärkt. Am Ende des Buches findet ihr zudem weitere Ideen zur Leseförderung.
Weitere Erläuterungen auf der Seite der Autorin unter
https://www.ukrainischprofi.de

Читаємо, розуміємо, малюємо.

✓ Книга для всіх, хто хоче навчитися вдумливо читати українською, розмірковувати та аналізувати прочитане.

✓ Завдання підходять не лише для навчання читанню, а й для списування, зорових диктантів та створення власних книжок.

✓ Зошит підходить для індивідуальної роботи вдома та для групових занять як цікаві розминки, домашні завдання і додаткові вправи.

© **April 2025 Polina Sorel**
Lektorat: Olga Kopyl
Gestaltung und Illustrationen: Tatiana Kornilova, Anna Stepanova
Verlag: BoD · Books on Demand GmbH, Überseering 33, 22297 Hamburg, bod@bod.de
Druck: Libri Plureos GmbH, Friedensallee 273, 22763 Hamburg
2. Auflage

ISBN: 978-3-8192-9532-4

Над книгою працювали:

Поліна Сорель,
автор цієї книги.

Поліну намалювала
її дочка Маша.
Їй 10 років.

Ольга Копил,
редактор.

Ольгу намалювала
її дочка Аня.
Їй 12 років.

Тетяна Корнілова,
художник-оформлювач.

Тетяну намалював її син.
Йому 16 років.

Чарівник, який
допоможе нам
розгадати «Невидимки».

Мене звуть ....
Мені .... років.

Для роботи з цією книгою тобі знадобиться

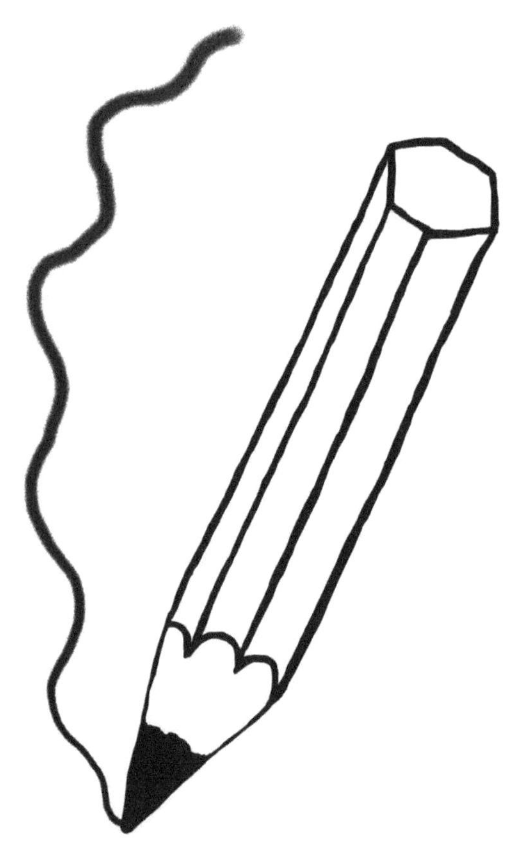

ОЛІВЕЦЬ

Дорогий друже!

Колись давно я знайшов цей зошит, а в ньому - загадкові сліди. Великий маг і чарівник Барбаріус Перший підказав мені, що це малюнки-невидимки. Здається, в нас є справжнє магічне завдання! Якщо уважно читати опис поряд з цими слідами, то малюнки можна повернути назад в зошит.

Тільки ось біда. Мені так багато років, що я вже не бачу ні букв, ні слів. Невже ці малюнки залишаться невидимими назавжди? Бо тільки справжнім чарівникам, що зможуть уважно прочитати опис, під силу повернути малюнки на місце.

Чи може... ТИ... допоможеш мені в цій важливій справі. Тож візьми швидше олівець та до роботи! Олівець стане твоєю чарівною паличкою. Уважно читай опис. Малюй усе, що ти прочитав, і тоді зниклі малюнки з'являться в цьому зошиті знову. А тільки-но ти дійдеш до кінця, на тебе чекатиме медаль справжнього чарівника.

Твій маг і друг
Архиваріус Сорок Другий.
Успіхів тобі, мій друже!

Твої нотатки:

Це куля.
Це кіт.
Кіт на кулі.
Бувай, кіт!

Малюй!

Це куля. На кулі кіт.
Під кулею дім.
Під домом кріт.
Кріт співає ЛА-ЛА-ЛА.

Пиши!

Це дім. Це вікно.
Це балкон.
На балконі Марічка.
У вікні Сашко.
Привіт, Марічко!
Вітаю, Сашко!

Калякай!

Це дах.
На даху миші.
Миші, миші!
Тікайте з даху!

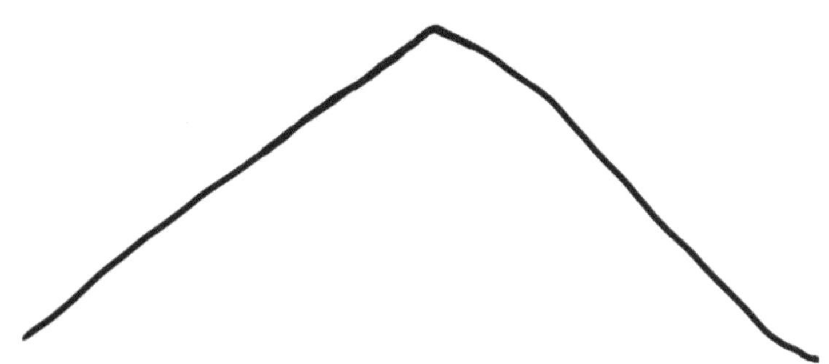

Сміливіше!

Це нора.
У норі лис.
У лиса вуса.

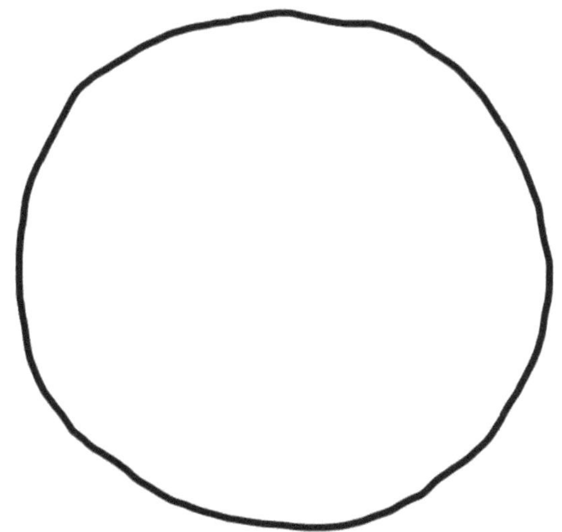

Не малюй!

Це сир.
У сирі дірка.
У дірці миша.
Поряд кришка.

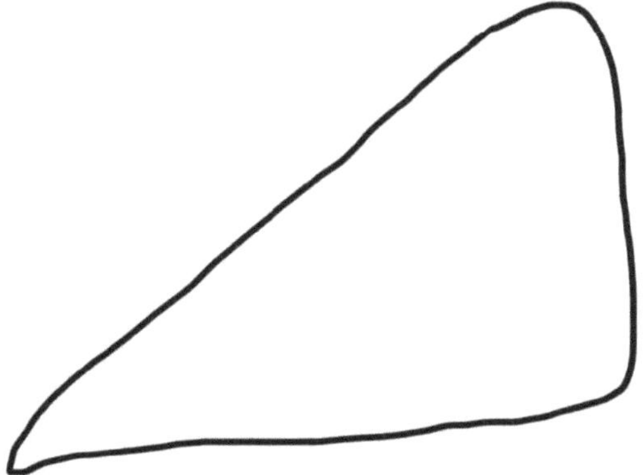

Малюй знову!

Це річка.
У річці риба.
Біля річки поле.
У полі трава.
В траві жук.

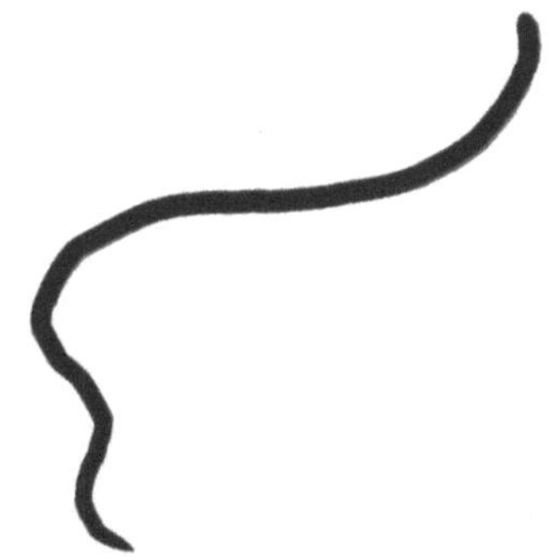

Знову пиши!

Це ліс.
У лісі ялинка.
На ялинці шишки.
Під ялинкою миші.
Та мухомори.

Накалякай ще!

Це нора.
У норі лис.
Лис, покажи вуха!
Лис, покажи хвіст!

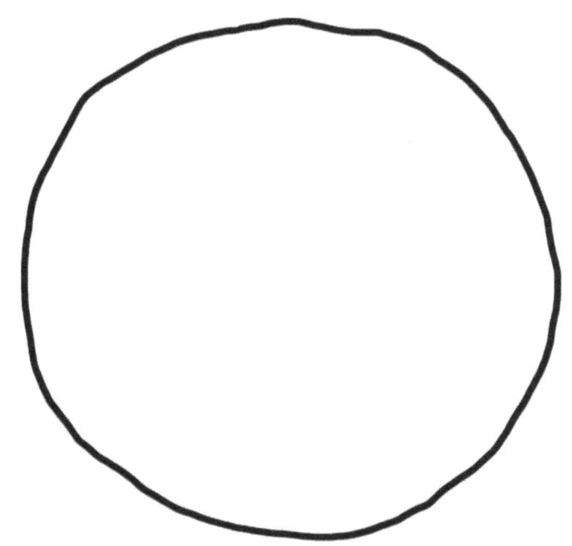

Не забудь про вуса у лиса!

Для нотаток.

Це норка.
У норці миша.
У миші лапки.
У миші вушка.
У миші ніс.
У миші хвіст.

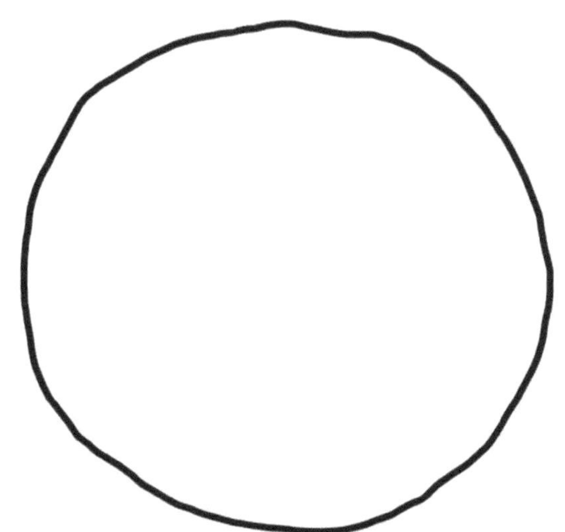

Ой, хтось намалював.

Це коза.
У кози роги.
На розі муха.
На вусі муха.
На носі муха.
Відгони мух, коза!

Не забудь про хвіст у кози!
Як вона відганятиме мух?

Знову каракулі! 

Це не куля.
Це не річка.
Це не змій.
Це хвіст.
Чий хвіст?
Придумай сам!
І запиши.

Пиши сміливіше! 

Це гора.
На горі я.
В мене лижі.

Для нотаток.

Це мішок.
У мішку мандарини.
Два мандарини для Дарини.
Три мандарини для Марини.

Порахуй мандарини: ....

Твої думки!

Це груша. Поряд слива.
Поряд вишня.
Вони на малюнку.

**Порахуй фрукти на
малюнку: ......**

Нічого не пиши!

Це їжак. У їжака ніс.
У їжака голки.
У їжака оченята.
У їжака чотири лапки.
Їжак у лісі.

А тут пиши побільше!

Це не їжак.
Це не миша.
Це не гора. Це машина.
У машини колеса.
На колесах шини.

Не забудь про фари у машини!

Намалюй що-небудь! 

Це ваза. У вазі вода.
У воді троянди.
Троянди для мами.
Ваза у мами.

Калякати не можна!

Це шапка. Біля шапки шарф. На шапці смужки. Поклади шапку і шарф до шафи.

А тут можна!

Це чашка. У чашки ручка.
У чашці чай.
Лимон. І ложка.
Рядом мед. І цукерка.

Не забудь про ласощі!

Пиши, що хочеш! 

Це нога. І поряд нога. Та ще нога. Ноги біжать по дорозі. Це ноги стоноги.

Не забудь про інші ноги у стоноги!

Намалюй лабіринт!

Це місяць. На місяці кіт.
У кота хвіст. У кота вуха.
У кота ніс.

Поряд кішка. У кішки хвіст.
У кішки носик.
У кішки вушка. І вуса.
Гарні вуса у кота та кішки!

Здивуй мене!

Це шафа. У шафі полиці.
На полицях книги.
Три книги для Кіри.
П'ять книг для Сашка.
Сім книг для Марічки.

У кого більше книг?

Дай помалювати мамі!

Це море. На морі човен.
У морі рибка.
Човен татові. Рибка мамі.
Море мені.

Твій секрет!

Це підлога. На підлозі стіл.
Під столом м'яч.
На столі ваза.
У вазі тюльпани.
Тюльпани для мами.
М'яч для Тараса.

Останній штрих! 

Це мама. Поряд я.
Ми у лісі. У лісі галявина.
На галявині гриби. У нас
корзини.

Час ставити крапку.

Ось і твоя медаль!

 ### Ти – ілюстратор!

Зараз ти став одним із ілюстраторів цієї книжки. Ілюстратор — це той, хто малює картинки до книжки. Отже, «Невидимки» повинні бути на твоїй книжковій полиці. Ти можеш її переглядати та читати вголос знову для своїх рідних.

 ### Напиши свою книгу.

Знайди невидимку, яка тобі особливо сподобалася, та придумай, що сталося далі в цій історії. Перетвори свою історію на книгу.

 ### Придумай свою невидимку.

Придумай свою власну невидимку та запитай у дорослих, чи можуть вони її оживити.

 ### Створи колаж.

Ти можеш створити свій власний колаж. Для цього використовуй:

- зображення, які ти намалював,
- перепиши слова, які було важко читати,
- перепиши героїв з невидимок, які тобі сподобалися.

Частиною твого колажу може бути твоя медаль. Цей колаж можна перетворити на картину, яка буде прикрашати твій дім.

 **Ти можеш грати в гру «Зоркі очі» з невидимками:**

- Читай одну з невидимок три рази, потім закрий книжку та повтори її напам'ять. Попроси когось перевірити, чи все ти запам'ятав.
- Розфарбуй ті місця в книжці, які не зміг згадати.
- Якщо граєш з кимось, порівнюйте, у кого невидимка більше розфарбована.

 **Гра «Хто більше?»**

Якщо ти граєш сам:
- Загадай дві літери та вибери одну невидимку.
- Знайди обидві літери в невидимці, підкресли або розфарбуй їх.
- Підрахуй, яка літера виграла, і намалюй її та для неї капелюх.
- Загадай одну літеру та вибери дві невидимки.
- Знайди цю літеру в кожній невидимці, підкресли або розфарбуй її.
- Підрахуй, яка невидимка виграла, і намалюй для неї квітку.

Якщо граєш з партнером:
- Загадайте одну літеру та виберіть невидимку.
- Знайдіть усі літери, які ви загадали, підкресліть або розфарбуйте їх.
- Підрахуйте, хто виграв.

 **Гра «Що довше»**

- Загадай число від 1 до 26.
- Відкрий невидимку під цим номером.
- Підрахуй слова. Виграє невидимка з більшою кількістю слів.
- Намалюй для неї зірку.

 ### Переклади невидимку на мову Барбаріуса:

Ти не знаєш як? Це дуже просто. В час, коли жив Барбаріус, усі слова з літерами **О, І, У** читали з літерою **А**. Отже, справжнє ім'я Барбаріуса було БАРБАРААС.

- Перепиши невидимку, але ж заміни в словах літери О, І, У на А.
- Прочитай невидимку вголос на мові Барбаріуса.

 ### Зроби пазл з невидимки:

- Перепиши невидимку на окремий аркуш.
- Розріж текст на речення.
- Збери речення назад або попроси когось допомогти.

Можеш також знайти найдовше слово в невидимці та зробити з нього пазл.

 ### Зашифруй слово.

- Вибери одну з невидимок.
- Вибери слово та перепиши його літери в іншому порядку.
- Наприклад: гора → О, А, Р, Г.
- Запитай партнера, чи зможе він розшифрувати твоє слово та знайти його в невидимці

Ти можеш зашифрувати навіть цілу невидимку!

Це я. У мене ...

. . . .

. . . .

. . .

...здається, тут зникли не тільки малюнки, але ж навіть слова. Впевнений, ти допомеш мені розкрити цю таємницю!

Кожен з нас може
бути справжнім
чарівником.
Не сумнівайтесь!